Karl-Heinz Groth
Werner Otto

Kiel

Gestern | Heute

Wartberg Verlag

Bildnachweis

Historische Fotos
Klaus-Groth-Museum, Heide: S. 66, 67
Familie Ohm: S. 16
Alle anderen Fotos: picture alliance/Renard Ralf Laack

Aktuelle Fotos
Sigrid Groth: S. 10, 66, 67
Alle anderen Fotos: Werner Otto – Reisefotografie und Bildarchiv, Oberhausen

1. Auflage 2011
Alle Rechte vorbehalten, auch die des auszugsweisen Nachdrucks
und der fotomechanischen Wiedergabe.
Satz und Layout: Designbüro Gerald Halstenberg, Berlin
Druck: Druckhaus Thiele & Schwarz, Kassel
Buchbinderische Verarbeitung: Buchbinderei Büge, Celle
© Wartberg Verlag GmbH & Co. KG
34281 Gudensberg-Gleichen, Im Wiesental 1
Telefon: 0 56 03 · 9 30 50
www.wartberg-verlag.de
ISBN 978-3-8313-2238-1

Zeitreise

Trümmer, Trümmer und endlos scheinende Steinwüsten – diese Bilder der Jahre 1947/1948 haben sich unauslöschlich in meiner Erinnerung festgesetzt. Als TBC-krankes Kind musste ich damals regelmäßig mit der Bahn aus dem fernen Dithmarschen zu umfangreichen Kontrolluntersuchungen in das größtenteils durch Bomben zerstörte Klinikum der Christian-Albrechts-Universität in Kiel reisen. Kaum vorstellbar, dass diese Stadt bereits zwei Jahre später als die bestgeräumte Großstadt Deutschlands gelten sollte. Dies war das Verdienst der Kieler Bürger, allen voran des beliebten Oberbürgermeisters Andreas Gayk und seines Stadtbaurates Herbert Jensen, die mit unermüdlichem Einsatz den Wiederaufbau der stark zerstörten Stadt vorantrieben. Wohnraum für die zahlreichen Flüchtlinge und ausgebombten Menschen musste her, Krankenhäuser, Universität und Schulen funktionsfähig gestaltet, sowie die gesamte öffentliche Infrastruktur wiederhergestellt werden.

Heute gehe ich mit den historischen Fotos in der Hand, die sämtlich vor der Zerstörung Kiels im Zweiten Weltkrieg entstanden sind, durch die Kieler Innenstadt und frage mich, wo diese Gebäude gestanden haben, von denen im heutigen Stadtbild kaum noch Spuren zu finden sind. Selbst wenn ich ältere Bürger z. B. nach den „Persianischen Häusern" oder dem Standort des Alten Rathauses frage, begegnet mir nur Kopfschütteln. So begab ich mich auf eine verzwickte und interessante Zeitreise.

Der Reiz dieses Buches liegt sicher darin, dass es nicht beim „Damals" bleibt, sondern dass den historischen Fotos aktuelle Aufnahmen gegenübergestellt werden. Der Fotograf Werner Otto nahm für seine Arbeit möglichst den Standpunkt ein, von dem aus die historischen Fotos aufgenommen wurden.

Der Verwaltung der Stadt Kiel danken wir sehr herzlich für die Erlaubnis, vom Rathausturm aus fotografieren zu dürfen. Die Commerzbank hat uns freundlicherweise mit großem zeitlichen und personellen Aufwand Aufnahmen aus ihren Räumen heraus gestattet. Den Mitarbeitern gilt ebenfalls ein herzliches Dankeschön.

Und nun wünsche ich den Leserinnen und Lesern beim Verweilen in diesem „Kieler Bilderbuch" viele Aha-Erlebnisse.

Karl-Heinz Groth

Panoramabild 1930

Dieses Foto wurde vom Rathausturm aufgenommen. Links vorn sehen wir den Turm des Stadttheaters, dahinter die Brücke über den „Kleinen Kiel", vorne rechts das 1852 gegründete Bankhaus Ahlmann und weiter hinter die Nikolaikirche. Links daneben ist das Schloss mit dem Schlossturm zu erkennen.

Panoramabild heute

Der Fotograf hat das aktuelle Foto vom Rathausturm aus aufgenommen, also aus derselben Perspektive wie das Foto von 1930. Aber wie sehr hat sich das Stadtbild verändert! Im Vordergrund links erblicken wir das Dach des Stadttheaters ohne Turm, in der Mitte den Neumarktplatz, rechts das neu errichtete Ahlmannhaus, heute Deutsche Bank, und die Einmündung in die Holstenbrücke, schließlich den Martensdamm über den „Kleinen Kiel". Gut erkennbar sind die Werft am Ostufer, der Alte Markt mit der Nikolaikirche und das Schloss als dunkelbraunes, rechteckiges Gebäude.

Der Neumarkt 1925

Das Bild zeigt uns das Rathaus am Neumarkt um 1925. Die Stadtsilhouette wird seit der Fertigstellung des Rathauses durch den 106 m hohen Rathausturm bestimmt, der dem Glockenturm des Doms von Venedig nachempfunden worden sein soll. Im Vordergrund erkennen wir den Schwertträgerbrunnen.

Der Neumarkt heute

Die in den Boden eingelassenen Eisen-
pflöcke zeugen von dem Umfang des
einstigen Schwertträgerbrunnens.

Der Schwertträgerbrunnen

Die Anlage wird von einer überdimensionierten Rolandfigur (erbaut 1904) dominiert, die, unbekleidet, mit einem riesigen Schwert in der Hand, dem Betrachter imponiert. Die Figur ist dem Rathaus abgewandt und soll den Platz und das Gebäude symbolisch schützen. Der Bildhauer Adolf Brütt fertige die Figur in Bronze.

Das Rathaus

ist einer der bedeutenden repräsentativen Verwaltungs-
bauten der wilhelminischen Zeit in Kiel.

Mit dem Aufschwung der Stadt seit der Ernennung zum
Reichskriegshafen 1871 war das alte Rathaus auf dem
Markt zu klein geworden. Der neue Monumentalbau
wurde nach dem Entwurf des Karlsruher Jugendstil-
architekten Hermann Billing von 1907 bis 1911 errichtet.
Der 106 Meter hohe Turm, der den Campanile von
San Marco in Venedig zum Vorbild hat, bestimmt seitdem
die Stadtsilhouette.

Bei den Luftangriffen des Zweiten Weltkriegs wurden Teile
des Gebäudes schwer getroffen und der Ratssaal zerstört.
Beim Aufbau nach 1945 verzichtete man auf die Wiederherstellung des ursprünglichen Kupferdaches in Form eines
umgekehrten Schiffrumpfes, das den Platz beherrschenden
Saalbau krönte.

Der Schwertträger

Der Schwertträger wurde anlässlich der Olympischen Spiele 1972 einige Meter zurückversetzt
und blickt seitdem, um sich selbst gedreht, direkt
auf das Rathaus. Mit dieser Veränderung wurde
der athletische Aspekt der Figur betont. Der Schutz-
gedanke, den der Schwertträger als Rolandfigur in
sich trägt, ist nicht mehr von Belang.

Kieler Gelehrtenschule

Die Aufnahme aus dem Jahre 1930 zeigt die Kieler Gelehrtenschule. Sie war seit 1803 in der Küterstraße untergebracht, ab 1868 in einem neugotischen Backsteinbau in den neuen Parkanlagen am Neuen Markt in der Dammstraße, die heute Lorentzendamm heißt. Rechts im Bild, von Bäumen bedeckt, das Bismarckdenkmal des Hamburger Bildhauers Harro Magnussen. Am 26. August 1944 wurde das Schulgebäude bei einem Luftangriff zerstört.

Die Kieler Gelehrtenschule heute. Sie befindet sich in der Feldstraße gegenüber den Universitätskliniken.

10

Das Bismarckdenkmal

Dieser Blick auf den Hiroshimapark zeigt uns das Bismarckdenkmal auf dem ehemaligen Gelände der Gelehrtenschule. In den ersten Nachkriegsjahren fand der Unterricht in der Humboldtschule statt. 1953 wurde das neue Gebäude in der Feldstraße bezogen. Heute hat die Gelehrtenschule etwa 580 Schüler und besitzt das Prädikat „Referenzschule" im Bereich der Offenen Ganztagsschule.

„Kieler Neueste Nachrichten"

Das 1906 errichtete Verlagsgebäude der „Kieler Neueste Nachrichten" wurde von der Hafenstraße aus aufgenommen, die sich nach der Querung der Holstenstraße als Fleethörn fortsetzt. Im Hintergrund erkennen wir den 1912 eingeweihten neuen 106 m hohen Rathausturm.

Geschäftshaus der „Kieler Nachrichten"

Heute gehören die „Kieler Nachrichten" (KN) nach dem sh:z und den Lübecker Nachrichten zu den führenden Tageszeitungen in Schleswig-Holstein. Während die Produktion der Zeitungen in großen, modernen Hallen im Industriegebiet Kiel-Wellsee stattfindet, wurde der Hauptsitz am historischen Ort belassen. Das aktuelle Bild wurde vom Asmus-Bremer-Platz aus aufgenommen.

Aus der Nähe fotografiert, zeigt sich das Gebäude in seiner ganzen Pracht, vor allem im Eingangsbereich, in dem die aktuellsten Bücher über Kiel präsentiert werden.

Ostseehalle 1952

Im Jahre 1950 beschloss die Kieler Ratsversammlung den Bau einer der größten Veranstaltungshallen in Deutschland, der Kieler Ostseehalle mit einer Kapazität von weit über 10 000 Besuchern. Sie wurde zur Kieler Woche 1952 fertiggestellt.

Das Besondere dieses vom Architekten Wilhelm Nevelig konzipierten Projektes: Er verwendete zum Bau die Stahlkonstruktion eines ausgedienten Flugzeughangars von einem Fliegerhorst auf Sylt, sodass das Material von der Insel nach Kiel transportiert werden musste.

Die Sparkassen-Arena heute

Die hohen Unterhaltungs- und Modernisierungskosten der ehemaligen „Ost-seehalle" riefen ein Finanzkonsortium auf den Plan, das die Zukunft der Arena im Herzen der Kieler City sichern sollte. Nach dem Umbau durch das Archi-tektenbüro Schnittger im Jahre 2000 ist die Halle heute ein architektonisches Wahrzeichen der Landeshauptstadt. Sei dem 1. Januar 2008 hält die Sparkas-sen-Finanzgruppe durch einen Vertrag mit den Eigentümern die Namensrechte „Sparkassen-Arena". Hier ist eine der besten Handballmannschaften der Welt, der THW-Kiel, zu Hause.

Der Flensburger Hof

Das Bild zeigt das alte Hotel „Stadt Flensburg – Flensburger Hof", in dem bis zu seiner völligen Zerstörung 1944 ca. 80 Menschen beschäftigt waren.

Der Flensburger Hof

Der wieder aufgebaute „Flensburger Hof" im Jahre 1947. Bedenkt man, dass dieser Bau innerhalb nur eines Jahres mit geringen finanziellen Mitteln und unter schwierigen bautechnischen Bedingungen errichtet wurde, kann man ihm eine gewisse Ansehnlichkeit nicht absprechen. Das Hotel genoss einen hervorragenden Ruf und war ein begehrter Ausbildungsbetrieb für angehende Köche, Kellner und Hotel- und Gaststättengehilfinnen.

Die Kieler Volksbank

Auf dem Gelände des ehemaligen „Flensburger Hofes" wurde nach dessen Abriss Ende der 70er-Jahre die Kieler Volksbank erbaut. Einen Steinwurf entfernt sehen wir die Sparkassen-Arena, ehemals Ostseehalle.

Die Holstenbrücke vor 1904

Der Wasserarm an der steinernen Holstenbrücke wurde vom Hafen aus aufgenommen. Er wurde 1904/1905 zugeschüttet und darüber die Straße „Holsten-brücke" angelegt. Das Bild muss vor 1890 aufgenommen worden sein, denn in diesem Jahr wurde der Turm der Feuerwehr (Hintergrund) abgerissen, der auf dem Bild noch zu sehen ist.

Die Straße Holstenbrücke heute

Nach dem Zweiten Weltkrieg wurde die Straße „Holstenbrücke" erheblich erweitert und zu einer Verkehrsachse ausgebaut, die fast alle Straßenbahnlinien nutzen. Der Platz am Verkehrskreisel heißt seit 1955 „Berliner Platz". Der Blick geht vom Bootshafen über den „Berliner Platz" durch die „Holstenbrücke" auf den „Kleinen Kiel". Links steht das seit einem Jahrhundert bestehende, bekannte Textilhaus Ferdinand Meislahn.

Markttreiben um 1895

Wir erleben mit diesem Foto das bunte Markttreiben auf dem Alten Markt um 1895 mit dem alten Rathaus. Es ist Wochenmarkt, die Händler bieten ihre Waren stehend in Körben an. Links vom Rathaus ragt der Erker des 1878 gegründeten Warenhauses Jacobsen hervor, das in Spitzenzeiten bis zu 1400 Mitarbeiter beschäftigte. Wir blicken in die enge Holstenstraße hinein, erkennen im Hintergrund schwach eine einspurige Pferdebahn und links die Fortsetzung der „Persianischen Häuser".

Der Alte Markt heute

Der Alte Markt – modernistisch verkleidet. Heute säumen sechseckige, dunkel verkleidete Gebäude den Alten Markt. Für das aktuelle Foto hat der Fotograf die Perspektive von 1895 eingenommen. Alles überragend ist das helle Gebäude des Kaufhauses Jacobsen/Ecke Holstenstraße.

Der Alte Markt um 1900

Aufgenommen wurde dieses Bild um die Jahrhundertwende von der Südostseite des Alten Marktes mit Blick auf die Nordwestseite. Im Vordergrund steht das alte Rathaus, rechts dahinter erkennen wir die Namen bekannter Geschäfte wie Schmielau und Engel.

Der Alte Markt 1965

Das 60er-Jahre-Bild zeigt ebenfalls die Nordwestseite mit den genannten Geschäften. Die Hassstraße wurde inzwischen zugebaut (links neben dem Rüdel'schen Haus).

Alter Markt um 1905

Dieses Bild Alter Markt/Dänische Straße (Ostseite) zeigt vier repräsentative dreistöckige Geschäftshäuser. Bis 1901 stand an der Stelle des Eckhauses das Gebäude des ehemaligen „Tanzsaals", das von 1775 bis 1871 als Hauptwache diente. Es hat einen auf vier Säulen ruhenden klassizistischen Vorbau.

Der „Tanzsaal" um 1860.

An der Stelle, an der früher der Tanzsaal bzw. die Hauptwache stand, steht heute ein modernes Eckhaus. Im Erdgeschoss sind ein Reise- und Touristikunternehmen untergebracht.

Die „Persianischen Häuser" und die Nicolaikirche

Die Aufnahme stammt aus der Zeit vor dem Zweiten Weltkrieg und zeigt die Nikolaikirche und die vier „Persianischen Häuser", die die Kirche gegen den Markt abgrenzten. Kirche und „Persianische Häuser" fielen am 22. Mai 1944 einem Bombenangriff zum Opfer. Die Kirche, schwer beschädigt, wurde nach den Plänen des Architekten Langmaack wiederhergestellt, allerdings ohne die vier Ecktürmchen.

Mit dem Bau und dem Namen der „Persianischen Häuser" ist eine hübsche Geschichte verknüpft: Herzog Friedrich III. von Schleswig-Holstein-Gottorf fasste während des Dreißigjährigen Krieges den Plan, einen schwungvollen Handel mit Persien zu treiben. Begehrte Waren wie Seide und Gewürze sollten eingekauft und über Kiel nach Friedrichstadt geleitet werden, wo sie gestapelt und von dort aus über Westeuropa verteilt werden sollten. Der Herzog erhoffte sich von diesem Handel hohe Gewinne, hatte er doch schließlich bei seinem Regierungsantritt den großen Schuldenberg seines Vaters übernehmen müssen. Für die Zwischenlagerung sollten am Hafen und am Alten Markt in Kiel, wohl auch wegen der Kriegswirren, Packhäuser errichtet werden. Doch der Plan scheiterte. Der Leiter der Gottorfer Handelsdelegation, der Kaufmann Otto Brüggemann, hatte dem Schah von Persien verschiedene Versprechungen gemacht (er hatte ihm u. a. militärische Hilfe des Herzogs gegen die Türken angeboten), die er allerdings nicht einhalten konnte. So mussten die bereits errichteten Gebäude in Wohnhäuser umgebaut werden. Was blieb, war der Name „Persianischen Häuser".

Der Alte Markt heute

Heute steht an der Stelle, an der sich einst die „Persianischen Häuser" befanden, eine schon erwähnte sechseckige, dunkle Ladenzeile mit Blick auf die in den 50er-Jahren wiederhergestellte Nikolaikirche.

Der Geistkämpfer

An der Nordwestseite der Nikolaikirche steht seit 1954 der „Geistkämpfer" von Ernst Barlach, der bis 1933 seinen Platz vor der Heiligengeistkirche hatte.

Klosterkirche vor 1891

Die Klosterkirche – hier eine Aufnahme vor dem Umbau 1891 – hat eine wechselvolle Geschichte aufzuweisen. Im Jahre 1246 wurde der Bau während der Herrschaft des Grafen Johann I. von Schauenburg, des Sohnes Adolfs IV., im Stile der Frühgotik begonnen. Mitte des 16. Jahrhunderts diente das Kloster der Stadt Kiel als Lateinschule. Die Kirche erhielt laut Beschluss des Rates den Namen „Heiligengeistkirche". 1665 wurde in den Räumen des Klosters die neu gegründete Universität untergebracht.

Heiligengeistkirche nach 1891

Diese Aufnahme zeigt die Heiligengeistkirche an der Falckstraße nach dem Umbau 1891, von der Dänischen Straße aus gesehen. Beim Umbau wurden die die Kirche umgebenden Grabplatten entfernt und die alten, baufälligen Gebäude rundum abgerissen. So konnte man schneller zum „Kleinen Kiel" gelangen, und die Falckstraße war „geboren". 1904 entstand der Turm zwischen der Kirche und dem angrenzenden Kreuzgang.

Erinnerungen an die Heiligengeistkirche

Die Heiligengeistkirche wurde nach ihrer völligen Zerstörung am 13. Dezember 1943 nicht wieder aufgebaut. An ihrer Stelle befindet sich heute eine gepflegte Grünanlage mit alten Grabsteinen. Erhalten geblieben ist eine Seite des Kreuzganges mit dem Refektorium, über dem die Schlafräume der Mönche lagen. Es ist das älteste Kieler Gebäude, wurde 1950 wiederhergestellt und beherbergt heute Theologiestudenten. Der alte Turm dient als Treppenhaus. Im oberen Teil ist ein Carrillion mit 50 Glocken eingerichtet. Der Tonbereich umfasst vier chromatische Oktaven. Täglich ist das Glockenspiel um 12, 15 und 18 Uhr, computergesteuert, zu hören.

Im Hintergrund erkennen wir einen Teil des neuen Gebäudes des Kirchenverbandes und der Propstei Kiel, das sich architektonisch gut mit dem Kreuzgang verträgt.

Im Vordergrund, überlebensgroß, zeigt eine Statue den Kieler Stadtgründer Adolf IV. beim Überstreifen der Mönchskutte und gleichzeitigem Ablegen der Ritterrüstung.

KIEL. Universität u. Denkmal Kaiser Wilhelm I.

Universität und Kaiser-Wilhelm-I.-Denkmal

Das Bild von 1812 zeigt das Kaiser-Wilhelm-I.-Denkmal im Schlossgarten mit dem Universitätshauptgebäude, das 1873–1876 von Martin Gropius und Heino Schieden erbaut wurde. Das Reiterstandbild ist auf das Schloss hin ausgerichtet und von der Universität abgewandt. Absicht?

Das vom Husumer Bildhauer Adolf Brütt (1855–1939) geschaffene Denkmal wurde 1896 eingeweiht. Die allegorischen Figuren, die als Symbol für die Kriege zur Einigung Deutschlands galten, wurden im Zweiten Weltkrieg eingeschmolzen.

Den Haupteingang des Universitätsgebäudes umgaben die Standbilder der griechischen Philosophen Platon, Solon, Hippokrates und Aristoteles als Sinnbilder der vier Fakultäten.

Das Foto zeigt das Reiterstandbild Kaiser Wilhelm I. im neu angelegten Schlossgarten und wurde vom alten Universitätsstandort aus aufgenommen.

Das Denkmal heute

Aufgenommen aus Richtung des Schlosses, zeigen die Bilder leider nicht mehr die Fassade des Haupteingangs die, wie die meisten Universitätsgebäude, den Bomben der Alliierten zum Opfer fiel. Im Hintergrund links, durch Bäume verdeckt und am Reiterstandbild vorbei, befindet sich das Völkerkundemuseum. Der Zweite Weltkrieg hätte beinahe das Aus für die Christian-Albrechts-Universität bedeutet, denn man wollte die Hochschule nach Schleswig verlegen. Erst als es nach 1945 gelang, die Gebäude einer ehemaligen Waffenfabrik, der ELAC, für den Universitätsbetrieb zu nutzen, blieb der Standort erhalten.

Nachdem die Zahl der Studierenden stieg und stieg, wurden am Westring neue Gebäude errichtet. 1970 studierten ca. 10 000 junge Menschen an der Kieler Universität, heute sind es ca. 20 000 Studenten. Neue Fakultäten wie die Technische Fakultät kamen hinzu, und somit wurden zusätzliche Gebäude an der Olshausenstraße benötigt, wie das Auditorium Maximum und die Pädagogische Hochschule. Die Christian-Albrechts-Universität, auch CAU genannt, hat so bedeutende Wissenschaftler und Nobelpreisträger wie Philipp Lenardt (1905) und Max Planck (1918) (Physik) sowie Otto Diels für Chemie (1950) hervorgebracht und ist eine international anerkannte Lehr- und Forschungsanstalt.

Das Kieler Schloss

Diese Aufnahme von ca. 1930 zeigt den Ostflügel des Kieler Schlosses vom Hafen aus. Die Gründung des Kieler Schlosses hängt eng mit der Stadtgründung Kiels um 1230 zusammen, wobei das Gebäude in den folgenden Jahrhunderten mehrfach umgebaut wurde.

Bis zum Ende des 18. Jahrhunderts diente das Schloss als Nebenresidenz, Witwensitz und war Gründungsort der Kieler Universität Christiana-Albertina 1665. Ein gutes Jahr später ließ Katharina die Große, die in Personalunion Herzogin von Gottorf war, das stark reparaturbedürftige Gebäude durch Baumeister Sonnin instand setzen und zeitgemäß umbauen. In den Jahren 1888–1918 war das Schloss Wohnsitz des Bruders von Kaiser Wilhelm II., dem allgemein beliebten Prinz Heinrich.

Das Kieler Schloss heute

Am 4. Januar 1944 brannte das bedeutendste Renaissance Bauwerk in Schleswig-Holstein nach einem Bombenangriff völlig aus. Nach der notwendigen städtebaulichen Neuordnung von Innenstadt und Fördeufer wurden am selben Platz repräsentative Räume für die Landesbildstelle, Landesarchiv, Volkshochschule und den NDR geschaffen, außerdem Konzertsäle und ein Schlossrestaurant. Jährlich finden hier etwa 300 Veranstaltungen statt, die von ca. 200 000 Besuchern besucht werden. Seit 2003 befindet sich das „neue" Schloss in Privatbesitz und seit 2005 steht es unter Denkmalschutz.

Das aktuelle Foto wurde von der Eggerstedter Straße aus aufgenommen und zeigt die Westseite des Schlosses in seiner neuen, schmucklosen Architektur einschließlich des nachgebauten Turmes.

Die Bronzefigur Kilia

Diese überlebensgroße Bronzefigur des Bildhauers Lürssen steht heute vor dem Nordelbischen Kirchenamt am Eingang zur Dänischen Straße. Sie stellt Kiel als Spenderin dar, mit einem Mauerkrönchen auf dem Kopf, einem Lorbeerkranz in der linken Hand und einem Ruder als Zeichen kluger Staatslenkung in der rechten Hand.

Die Figur gehörte zu einem Brunnen, den die Stadt Kiel 1888 anlässlich der Hochzeit des Prinzen Heinrich mit Irene von Hessen gestiftet hat und im Innenhof des Schlosses aufstellen ließ. 1923 holte Prinz Heinrich die Kilia-Figur mit Zustimmung der Stadt auf sein Gut Hemmelmark bei Eckernförde. Seine Enkelin Barbara hat 1977 die Rückführung nach Kiel veranlasst. Nun hat sie ihren Platz dort gefunden, wo sie ursprünglich einmal hatte stehen sollen.

Die Marineakademie

Das Bild zeigt uns eines der größten und wohl auch repräsentativsten Gebäude im kaiserlichen Kiel: Die Marineakademie (heute Landeshaus). Sie wurde in den Jahren 1883–1888 erbaut und sollte die bis dahin in der Muhliusstraße ansässige Marineschule mit der angegliederten Akademie für Stabsoffiziere ersetzen. Ab 1910 war die Marineschule für die Kadettenausbildung in Flensburg-Mürwik zuständig. Von 1919 bis 1945 war sie Sitz der Marinestation für den gesamten Ostseeraum.

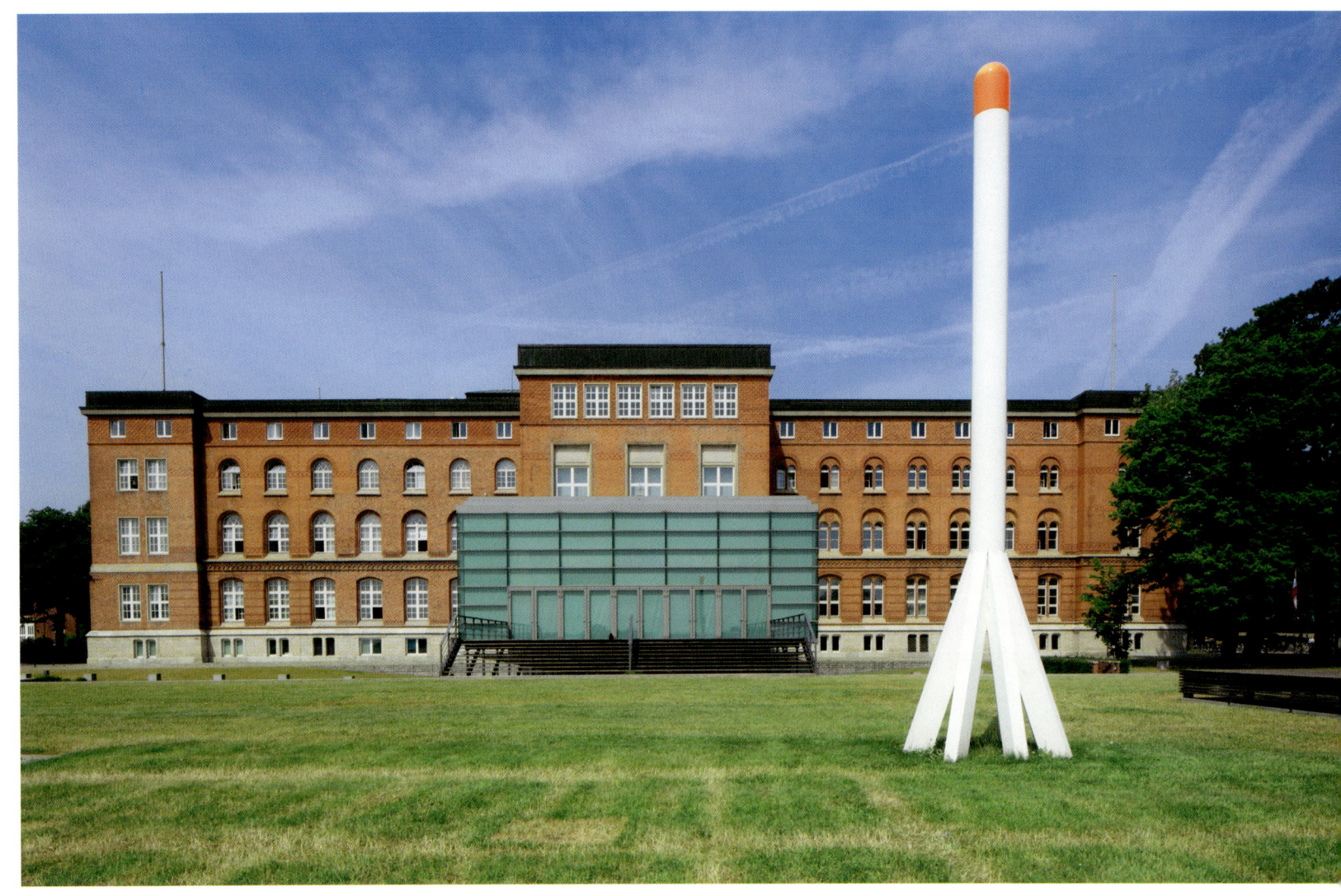

Das Landeshaus

Die aktuelle Aufnahme zeigt, dass die Wiederherstellung des klassizistischen Gebäudes nach den Zerstörungen im Zweiten Weltkrieg in seiner Grundstruktur geglückt ist. Hingegen wirkt der vorgelagerte, abgeschirmte gläserne Anbau, der den Abgeordneten des schleswig-holsteinischen Landtags seit 2003 als Plenarsaal dient, wie ein Fremdkörper. Platzgründe und Fragen der Funktionalität haben zu diesem Konstrukt geführt. Gleichzeitig hieß es, die Architektur stünde sinnbildlich für Demokratie und Transparenz. Da bleibt nur zu hoffen, dass die Abgeordneten bei ihren Entscheidungen auch immer den nötigen Durchblick haben.

Anlegestelle Seegarten-brücke

Die Anlegestellen der Fördedampfer an den See-garten-Brücken 1912. Inklusive der angrenzenden Schlossbrücke gab es zu dieser Zeit fünf Anleger für Boote der Schwarzen, Blauen und Grünen Dampferlinien.

Gaststätte Seegarten um 1900

Die Gaststätte „Seegarten", die von der Stadt erbaut worden war, war ein außerordentlich be-liebtes Ausflugslokal der Kieler. Sie lag inmitten eines reizvollen Gartens, von dem der Besucher einen freien, ungetrübten Blick auf den Hafen mit seinem bunten Leben und Treiben hatte, vor allem auf die zahlreichen an- und ablegenden Dampfer. Anlässlich der Olympischen Spiele 1936 wurde das Gebäude abgerissen und das zum Hafen vor-springende Gelände gepflastert – vermutlich um einen sicheren Platz für die große Besucheranzahl zu schaffen. Links im Hintergrund sehen wir das Kieler Schloss.

Seegartenbrücke

Zumindest der Name erinnert an die traditionsreiche Gaststätte. Im Hintergrund sehen wir die Anlagen der Werft HDW und im Bau befindliche Schiffe.

Blick in die Schuhmacherstraße

Die Schuhmacherstraße um 1900. Sie steigt zum Markt hin leicht an. Im Hintergrund rechts sehen wir die Turmspitze der Nikolaikirche.

Die Schuhmacherstraße heute

Für dieses Bild hat der Fotograf einen Perspektivwechsel vorgenommen (Wall), da der Blick vom Hafen aus inzwischen verbaut worden ist. Die Schuhmacherstraße wird links und rechts von eintönigen Geschäftshäusern flankiert. Vom Betrachter aus rechts führt die Straße nach einigen Hundert Metern am Rotlichtmilieu vorbei.

Der Fakesche Speicher

Das Foto (um 1890) zeigt im Vordergrund die Anlegestelle der Ellerbeker Fischer, dahinter den Fakeschen Speicher (heute Sartori & Berger) und links daneben die „Damenstraße", heute Wall. Die Damenstraße wurde 1856 angelegt und erhielt diesen ungewöhnlichen Namen, weil es Damen waren, die Geld für die Pflasterung zur Verfügung gestellt hatten. Als sich dort „Damen" aus dem Rotlichtmilieu ansiedelten, wurde die Straße zunächst in „Am Wall", dann in „Wall" umbenannt. Verständlich.

Die Fischhalle

Der Fischmarkt fand in den Jahren 1909/1910 eine feste Unterkunft in der nach einem Entwurf des Kieler Stadtbaurates Pauly neu erbauten Halle. Wir sehen im Hintergrund das Schloss und davor, rechts im Bild, den Seegarten. Nach 1945 wurde der Fischmarkt in den großen Gebäuden an der Schwentinemündung abgehalten.

Das Schifffahrtsmuseum

Die architektonisch gelungene Jugendstilhalle mit Formen des „Frühbarock" erscheint fast unverändert. Sie wurde 1971 unter Denkmalschutz gestellt und dient seit 1978 als Kieler Schifffahrtsmuseum.

Die Seeburg vom Schlosspark aus

Die Seeburg – hier gegenüberliegend vom Schlosspark aus aufgenommen – wurde in den Jahren 1909/1910 als Wohn- und Erholungsheim für Studenten und Professoren errichtet. Der Hamburger Großkaufmann Theodor Wille, gebürtiger Kieler, hatte seiner Heimatstadt nach seinem Tode 1892 zwei Millionen Reichsmark vermacht mit der Bestimmung, dass von den Zinsen der Zuwendung ein Teil für universitäre Zwecke verwendet werden sollte.

Die Seeburg von der Förde aus

Auf diesem Bild, um 1920 von der Förde aus aufgenommen, erkennen wir im Vordergrund die Seeburg, im Hintergrund Dach und Turm der Kunsthalle.

Dieses Foto aus der gleichen Zeit zeigt uns die „Seeburg" aus der Nähe.

Gedenktafel

Diese Gedenktafel wurde zum Regierungsjubiläum Wilhelms II. an der Südseite der Seeburg angebracht. Ein Jahr später brach der Erste Weltkrieg aus. Die Tafel wurde dennoch nicht entfernt und schmückt die Seeburg bis heute.

Die Seeburg heute

Das Ende des Zweiten Weltkrieges zum Teil zerstörte Gebäude ist 1949 in einfacher Bauweise wieder errichtet worden. Die Christian-Albrechts-Universität hat es nach einer längeren Umbauphase im Jahre 1997 an das Studentenwerk verpachtet. Im Sockelgeschoss mit seinen breiten Rundbögen befindet sich heute das Lokal „Kiellinie", auf der gegenüberliegenden Seite des Düsternbrooker Weges erkennen wir die majestätische Kunsthalle.

Die Wasserallee um 1900

Dieser wunderschöne Blick auf die Wasserallee, heute Teil des Düsternbrooker Weges, ist eine Aufnahme aus dem Jahre 1900, von der Seeburg aus fotografiert. Rechts führen Stufen in den Schlossgarten, im Hintergrund erkennen wir die Türme des alten Schlosses. Ende des 19. Jahrhunderts wurde zwischen Schloss und Seeburg ein Uferdamm aufgeschüttet, der den Namen „Wasserallee" erhielt. Ein Schienenweg, der von 1881–1896 auch für die Pferdebahn genutzt wurde, gehörte zur Straßenbahnlinie 3.

Düsternbrooker Weg mit Blick auf den Schlossgarten

Das aktuelle Foto wurde von fast derselben Stelle aufgenommen wie das der Wasserallee. Das Schloss ist nach der Zerstörung im Zweiten Weltkrieg als nüchterner Zweckbau wieder hergerichtet worden. Heute entbehrt die ehemalige Wasserallee jeglichen Charmes.

Hauptbahnhof um 1900

Dieses repräsentative Bahnhofsgebäude wurde zwischen 1895 und 1900 erbaut. Eröffnet wurde es 1899 durch Kaiser Wilhelm II., endgültig fertiggestellt aber erst 1911. Der alte Bahnhof stand etwa dreihundert Meter nördlich vom jetzigen am Ziegelteich und verfügte nur über eine begrenzte Kapazität. Der neue Backsteinbau, ganz im Stil des Späthistorismus konzipiert, wurde als 6-gleisiger Kopfbahnhof angelegt.

Verbindungen gab es nach Eckernförde, Flensburg, Eutin, Lübeck, Rendsburg, Husum, Neumünster und Hamburg. 1944 wurde der Bahnhof mit den angrenzenden Prachtbauten durch einen Bombenangriff der Alliierten schwer beschädigt und ab 1950 als neuer Bahnhof wieder aufgebaut. Die zuführende Straße Sophienblatt wurde stark verbreitert.

Hauptbahnhof heute

Zu sehen sind die Eingänge vom Sophienblatt und von der Raiffeisenstraße. Im Jahre 1999 begann ein umfassender Umbau des Bahnhofs. Der bisherige Fußgängersteg zum ZOB wurde ersatzlos gestrichen, die Empfangshalle mit zahlreichen Geschäften wurde 2004 pünktlich zur Kieler Woche eingeweiht.

Technische und finanzielle Schwierigkeiten führten dazu, dass der Umbau erst 2006 mit der Fertigstellung einer neuen Bahnsteighalle abgeschlossen werden konnte. Rechts im Bild sehen wir die Fußgängerüberquerung zum Einkaufszentrum „Sophienhof".

Das Hansa-Hotel

Unmittelbar gegenüber dem Hauptbahnhof wurde 1907 das vom Kieler Architekten Ernst Stoffers entworfene Hansa-Hotel fertiggestellt. Es gehörte zusammen mit dem Continental Hotel am Sophienblatt, wo heute das Kaufhaus Hertie steht, zu den größten Hotels in der Kieler Innenstadt und wurde 1929 von dem bekannten Gastronomen Willy Dreischärf erworben. Im Jahre 1944 ist es durch Bombenangriffe zerstört worden.

Dieses Foto entstand 1914 und wurde vom Sophienblatt aus aufgenommen.

Das Hansa-Hotel um 1930 vom Haupteingang des Bahnhofs aus gesehen.

Das Raiffeisenhaus

An der Stelle des 1944 zerstörten Hansa-Hotels steht heute ein moderner Vielzweckbau. Zahlreiche Betriebe haben hier ihren Sitz, u. a. die Nord-Ostsee-Bahn und ein Unternehmen der Tourismusbranche. Das Bild wurde vom Sophienblatt aus aufgenommen.

Das kaiserliche Postamt um 1900

Dieses imposante Gebäude an der Jensenstraße/Ecke Eisenbahndamm (heute Andreas-Gayk-Straße) war um 1900 das Kaiserliche Postamt I. Nach einer umfangreichen Erweiterung zwischen 1900 und 1904 wurde es auch Sitz der Oberpostdirektion. Der Bombenhagel Ende des Zweiten Weltkrieges zerstörte das zentrale Postgebäude völlig. 1958 konnte die Post in einen Neubau am Stresemannplatz ziehen. Nach der Privatisierung 1989 ist sie als moderner Dienstleister im Gewerbegebiet Wellsee untergebracht.

Vom Postamt zum Rathaus

Heute steht auf dem Gelände des ehemaligen Kaiserlichen Postamtes das Neue Rathaus. Es wurde 1996 als fertiger Gebäudekomplex von der Stadt Kiel angekauft, weil die ständig wachsenden städtischen Aufgaben und gestiegene Bevölkerungszahlen einen größeren Verwaltungsbau erforderten. Viele Ämter konnten hier untergebracht werden. Hervorzuheben sind die Stadtgalerie mit wechselnden Ausstellungen moderner Künstler sowie das KulturForum und die Zentralbibliothek der Stadtbücherei.

Das Holst-Hotel

Diese Aufnahme aus dem Jahre 1925 zeigt eines der damals führenden Hotels in Kiel – das Holst-Hotel am Schlossgarten/Ecke Dänische Straße. Dieser mehrteilige viergeschossige Komplex mit 90 Betten und zeitgemäßer Ausstattung erfüllte als „Hotel I. Ranges", wie es in der Werbung angepriesen wurde, höchste Ansprüche. Nach einem Plan der Stadt Kiel aus dem Jahre 1883 stand es genau an der Stelle, an der heute das Einrichtungshaus am Schlossgarten und daneben das Hotel Conti-Hansa stehen.

Das Conti-Hansa-Hotel

Der Standort des Fotografen ist in etwa vergleichbar mit dem des Fotografen 1925. Das Hotel wurde am 6. Juni 1963, rechtzeitig zur Kieler Woche, fertiggestellt. 1972 erwarb die Maritim Hotelgesellschaft das Haus und verkaufte es acht Jahre später an die „Color Line", eine norwegische Reederei. Die erweiterte den Komplex um einen Neubau, sodass das Hotel mit 166 Zimmern (noch) das größte in Kiel ist. Im Jahre 1991 wechselte wieder einmal der Besitzer. Die Steigenberger-Hotel AG erwarb mit dem Conti Hansa ihr erstes Hotel in Norddeutschland, das sie im Jahre 2009 an eine wohlhabende ägyptische Familie verkaufte. Der Name, in Kiel sehr bekannt, ist geblieben.

Kiel, Logierhaus und Seebadeanstalt

Das Institut für Weltwirtschaft

Das Institut für Weltwirtschaft (IfW) in Kiel ist ein Zentrum weltwirtschaftlicher Forschung, wirtschaftlicher Beratung, ökonomischer Ausbildung und wirtschaftswissenschaftlicher Dokumentation. Es wurde 1914 als „Königliches Institut für Seeverkehr und Weltwirtschaft" gegründet und 1934 in „Institut für Weltwirtschaft" umbenannt. 1920 zog es in das Krupp'sche Logierhaus neben dem Clubhaus des Kaiserlichen Yachtclubs am Fördehafen und hatte zum damaligen Zeitpunkt über 100 Mitarbeiter.

Gegen Ende des Zweiten Weltkrieges wurde das Institut nach Ratzeburg ausgelagert. Teile des Institutsgebäudes und des Archivs wurden durch Bomben zerstört.

Das Institut für Weltwirtschaft heute

Die Aufnahme zeigt das Institut vom Fördehafen aus. Architektonisch weist es die alte Struktur auf, aber das neue Gebäude hat einen freundlichen, hellen Anstrich. Der dunkle Bibliotheksanbau mag dazu nicht so recht passen. Das IfW ist Mitglied der Leibniz-Gesellschaft und der Christian-Albrechts-Universität als selbständiger Bereich angegliedert. Zurzeit arbeiten dort 160 Menschen.

Der Kaiserliche Yachtclub

Die Aufnahmen zeigen den Kaiserlichen Yachtclub, von den Mitgliedern lie-
bevoll „KYC – Küz" genannt, um 1913, das zweite Bild ist von um 1930
entstanden.

Der Kaiserliche Yachtclub wurde 1887 als Regattaverein von Offizieren und
Beamten der Kaiserlichen Marine gegründet. Kommodore war Kaiser Wilhelm II. Alfried Krupp hatte dem Verein die Clubräume in der ehemaligen See-
badeanstalt an der Strandpromenade, heute Hindenburgufer, geschenkt. 1904,
nach seinem Tode, wurde ihm zu Ehren ein Denkmal gesetzt. Der KYC mit
seinen zahlreichen Mitgliedern ist in Zusammenarbeit mit der Stadt Kiel Or-
ganisator des größten segelsportlichen Ereignisses der Welt, der Kieler Woche.

Der Kieler Yachtclub

Aus dem Kaiserlichen Yachtclub ist 1947 der Kieler Yachtclub geworden. Somit sind Kaiserkrone, Adler und Hakenkreuz endgültig aus dem Stander verschwunden. 2007 hat die Firma Thyssen-Krupp Haus und Grundstück vom KYC zurückgekauft, den Sitz des KYC aber dort belassen. Der Kieler Yachtclub ist heute, nach mehreren Renovierungen, ein Hotel mit Restauration, das höchsten Ansprüchen genügt.

Das Hotel „Bellevue"

Diese beiden Aufnahmen zeigen das Hotel „Bellevue" (schöne Aussicht) in den Jahren 1920–1935. Es gehörte am Ende des 19. Jahrhunderts zu den führenden Nobelherbergen Norddeutschlands. 1869 war das Hotel an der Stelle einer niedergebrannten Bauernwirtschaft unweit des Aussichtspunktes „Bellevue" am Steilufer der Förde errichtet worden und zählte u. a. Kaiser Wilhelm II. zu seinen häufigen Gästen.

Vom Café mit angrenzender Terrasse hatten die Gäste einen unverbauten Blick auf die Kieler Förde. Dieses Juwel architektonischer Baukunst ist dem Bombenhagel Ende des Zweiten Weltkrieges zum Opfer gefallen.

Das Hotel „Maritim"

Heute steht an gleicher Stelle das Hotel „Maritim". Das Attribut „atemberaubende Aussicht" haben die Besitzer dieses nüchternen Hotelkomplexes mit seinen 89 komfortablen Zimmern und 20 behaglichen Suiten werbewirksam übernommen. Für jede Art von Wellness – Schwimmbad, Sauna, Solarium – ist zudem gesorgt, auch für die Durchführung kleiner und größerer Veranstaltungen mit bis zu 450 Personen.

Das Lutherhaus um 1910

Das Bild zeigt das Lutherhaus und das angrenzende Prinz-Heinrich-Heim um 1910. Es war das älteste evangelische Vereins- und Versammlungshaus in Kiel. Hier, in der Gartenstraße Nr. 16, wurde 1904 der Verein für „Stadtmission und Jugendpflege" gegründet. Er unterhielt Kinder- und Jugendheime, ein Heim für obdachlose Familien in Projensdorf, ein Hospiz in der Ringstraße 32 sowie eine Arbeitsstätte für haftentlassene und drogenabhängige Männer. Teilweise waren hier bis zu 800 Männer beschäftigt, die einen geringen Lohn erhielten. Kleidung und Fahrkosten wurden gestellt bzw. erstattet.

Standort des ehemaligen Lutherhauses

Es entstehen dort heute acht moderne Eigentumswohnungen. Im davorliegenden Gebäudekomplex waren geraume Zeit Teile des Kultusministeriums unter-gebracht.

Königlich-chirurgische Klinik

Das Bild zeigt den Neubau (errichtet 1894) der Königlich-chirurgischen Klinik in der Hospitalstraße/Michaelisstraße, nicht weit vom Klaus-Groth-Haus entfernt. Er ist als Putz- und Backsteinbau errichtet worden.

Das immunologische Institut

Heute steht an derselben Stelle das immunologische Institut des Klinikums der Christan-Albrechts-Universität. Die Architekten orientierten sich in der Gestaltung am historischen Gebäude.

Klaus Groth

Das Bild zeigt den großen niederdeutschen Dichter Klaus Groth an der Gartenpforte (Port) seines Hauses am Schwanenweg kurz vor seinem Tode am 1. Juni 1899. Hier wohnte er seit 1866.

Der Dichter wurde am 24. April 1819 in Heide / Dithmarschen geboren und ist durch seine Gedichtsammlung „Quickborn" berühmt geworden. Wer kennt nicht „Matten Has"? Zu seinen Gönnern und Freunden zählten u. a. Ernst-Moritz Arndt, Theodor Mommsen und Johannes Brahms.

An der Stelle des ehemaligen Wohnhauses des Dichters entstand 1908/1909 ein Privatkrankenhaus, das nach dem Erfolgsbuch „Quickborn" benannt wurde. Äußerlich unverändert, beherbergt das Haus heute das Deutsche Rote Kreuz.

Klaus-Groth-Denkmal

Am Ende des Lorentzendammes, am Kleinen Kiel, steht ein Denkmal für den 1899 verstorbenen niederdeutschen Dichter Klaus Groth. Es wurde 1912 eingeweiht und gilt noch heute als das Hauptwerk des Kieler Bildhauers Heinrich Missfeld (1872–1945). Aus ungeklärten Gründen ist die Statue während des Zweiten Weltkrieges verschwunden und erst 1947 auf einem Hamburger Schrottplatz wiederentdeckt worden. Sie wurde nach Kiel zurückgebracht, restauriert und 1949 durch Bürgermeister Andreas Gayk ein zweites Mal eingeweiht.

Stadttheater und Rathausturm

Dieser Blick über den Kleinen Kiel zeigt uns den Rathausturm um 1935 und das 1907 am Neumarkt fertiggestellte Stadttheater. Das bisherige befand sich in der Schumacherstraße. Das neue Theater, konzipiert als repräsentatives Haus, in dem alle Sparten vereint wurden, sollte dem Anspruch der höheren Bürgerkreise gerecht werden. Der Architekt Heinrich Seeling aus Berlin hatte mit seinem Entwurf für das neue Kieler Sprech- und Musiktheater den Wettbewerb des Kieler Magistrats gewonnen.

Die aktuelle Aufnahme zeigt dieselbe Perspektive wie die historische aus dem Jahr 1935. Die Stadtsilhouette hat sich kaum verändert, wohl aber das Stadttheater, das 1943/1944 zu großen Teilen zerstört wurde. 1953 wurde der Neubau eröffnet. 1970/1971 entstand der dunkle Glasbau, rechts neben dem Theater, der als Betriebsgebäude dient.

Stadttheater und Rathausturm

Dieses Bild wurde um 1935 von der Kehdenstraße aus fotografiert und wir sehen den Neumarkt mit Rathaus, den Rathausturm und das Stadttheater.

Das aktuelle Foto zeigt beinahe den gleichen Ausschnitt wie das historische. Das Theater wurde am 21. Juni 1953 zur Kieler Woche mit der Aufführung des „Fidelio" von Beethoven neu eröffnet. 1972 wurde der Grundstein für das Betriebsgelände Ecke Fleethörn/Rathausstraße gelegt. 1993 ist das Opernhaus als Kulturdenkmal von besonderer Bedeutung in das Denkmalbuch eingetragen worden. Künstlerisch genießen Opern- und Schauspielhaus einen hervorragenden Ruf.

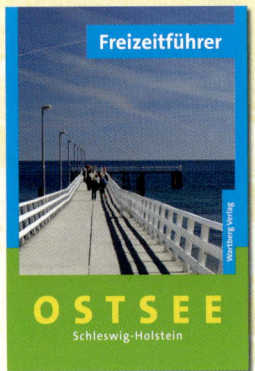

Ulf Kaack
Unsere Kindheit im Norden
Die 50er, 60er und
70er Jahre
80 Seiten mit
ca. 250 Bildern
ISBN 978-3-8313-2231-2

Ingrid Jenckel
Freizeitführer Ostsee
Schleswig-Holstein
192 Seiten
mit zahlreichen Fotos
ISBN 978-3-8313-2111-7

Annerose Sieck
Freizeitführer Nordsee
Schleswig-Holstein
144 Seiten
mit zahlreichen Fotos
ISBN 978-3-8313-2110-0

Karl-Heinz Groth
Aufgewachsen in Kiel
in den 40er und
50er Jahren
64 Seiten
mit zahlreichen Fotos
ISBN 978-3-8313-1874-2

Sandra I. Goetz
Aufgewachsen in Kiel
in den 60er und
70er Jahren
64 Seiten
mit zahlreichen Fotos
ISBN 978-3-8313-2001-1

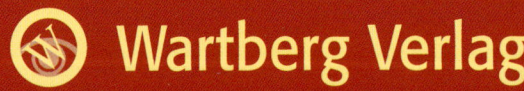

Wartberg Verlag